VENTE

DE

TABLEAUX

ET

ÉTUDES TERMINÉES

PAR

M. LANSYER

Me CHARLES OUDART, COMMISSAIRE-PRISEUR

M. DURAND-RUEL, EXPERT

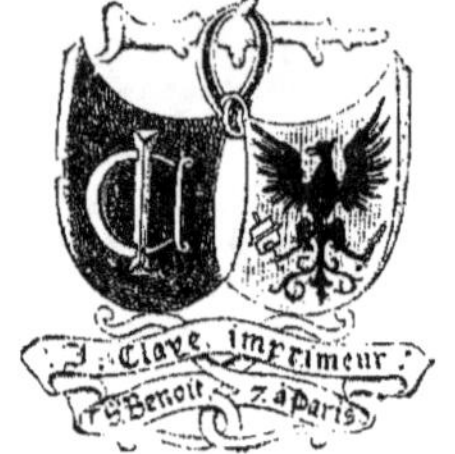

CONDITIONS DE LA VENTE

Elle sera faite au comptant.

Les acquéreurs payeront *cinq pour cent* en sus du prix d'adjudication.

CATALOGUE

DE

55

TABLEAUX

ET ÉTUDES TERMINÉES

PAR

M. LANSYER

DONT LA VENTE AURA LIEU

HOTEL DROUOT, SALLE N° 1

Le Jeudi 18 Avril 1872

A 3 HEURES 1/2

PAR LE MINISTÈRE DE Me CHARLES OUDART, COMMISSAIRE-PRISEUR
31, rue Le Peletier

ASSISTÉ DE M. DURAND-RUEL, EXPERT, 16, RUE LAFFITTE

Chez lesquels se délivre le présent Catalogue

EXPOSITION PUBLIQUE

LE MERCREDI 17 AVRIL 1872, DE 1 HEURE 1/2 A 5 HEURES 1/2

Les ventes d'études et de tableaux achevés sur nature, faites dans ces dernières années par les paysagistes avec un succès toujours croissant, ont servi l'Art autant que les artistes. Les amateurs se sont enhardis à juger la peinture par ses côtés spontanés et vrais; ils l'aiment pour elle-même, non plus pour ses intentions spirituelles et « le fini ». Les artistes, assurés d'être mieux compris, apportent à leur travail sur nature plus de réflexion et d'application. Ils sentent que le public les accompagne et les regarde travailler par-dessus leur épaule : de là, le site étant bien choisi, la nécessité d'éliminer du premier coup les détails encombrants, de boucher les trous avec des matériaux appartenant au même sol, de rendre à fond les traits typiques. Surtout, il faut apprendre à s'arrêter à temps. Toute retouche ferait tache sur ce dessous, toute broderie alourdirait ce tissu.

L'étude sur place — plus poussée que l'esquisse et moins fatiguée que le tableau, dans le sens attaché encore à ces termes — appartient en propre à l'École contemporaine. Il est même important de la distinguer, dans l'œuvre des artistes de talent, de la donnée générale de leurs envois aux salons, lesquels ont un aspect toujours un peu apprêté. Elle marque plus franchement la qualité de leurs impressions premières.

M. Lansyer, qui va se séparer de 55 de ses meilleurs souvenirs de voyage, tableaux peints sur nature et études terminées, le fait précisément pour se montrer tout à découvert. Il s'est présenté aux salons annuels avec assez de succès pour que nous n'ayons qu'à rappeler ses titres. En 1865, il obtenait, pour une Matinée de septembre, à Douarnenez, *sa première médaille. En 1869, une autre médaille, pour sa* Vue du château de Pierrefonds, *acquise par l'État et qui a les honneurs du musée du Luxembourg. Il avait abordé la peinture un peu tard, s'étant d'abord livré à l'architecture, sous la direction de* M. E. Viollet-le-Duc. *On retrouve dans le dessin et dans ce que l'on pourrait appeler la construction de ses paysages l'influence très-heureusement appliquée à un autre but de son passage dans l'atelier de ce maître.*

Traversons les pays où s'est successivement arrêté M. Lansyer, et dont il s'est appliqué, sous les impressions du moment, à rendre la physionomie et le caractère. Ces notes de voyage s'étendent de 1864 à 1871.

C'est d'abord le Parc de Morte-Fontaine, *aux étangs endormis sous des masses d'arbres superbes, aux horizons brumeux comme les perspectives de l'Angleterre.*

Puis les pentes boisées de la Vallée de Chevreuse, *les vallons charmants de Cernay semés de roches perlées, baignés par un ruisseau qui, plus loin, dans la prairie verte comme un pâturage normand, fait tourner les moulins à eau. Les arbres* à fruits, les châtaigniers couverts de fleurs blanches et roses et de tendre verdure, y font un printemps délicieux.

La Bretagne est presque le pays natal de M. Lansyer. Il y a passé son enfance et sa jeunesse. Ses études de grèves et de mer, de falaises et de bocages, le disent bien. Elles ont quelque chose de ressenti, comme le serait le portrait souvent cherché et repris d'un parent aimé.

Le Port de Douarnenez est visiblement sa station de prédilection. Tantôt il y compte les barques de pêche et les caboteurs qui suivent la marée montante pour rentrer ; tantôt il écoute et il rend comme le peut faire le peintre, la lame irritée et gémissante qui, déjà brisée par les écueils, vient se heurter à la falaise tapissée de mousse et de graminées. Quand la mer est basse, il saisit l'éclat mouillé des récifs de granit poli, brun sur la grève claire, ou le ton puissant de l'Océan quand le vent tombe.

Dans la série des notes prises par M. Lansyer en descendant vers la Loire, les terrains sont plus verdoyants, les nuages s'éclaircissent et perdent leur gravité mélancolique. Les Marais de Machecoul, où l'eau grise s'endort à fleur de gazon dans des plaines d'une perspective sans bornes, sont d'une vérité saisissante. C'est, dans un cadre étroit, le résumé de tous ces marais qui bordent les côtes du Poitou et de la Vendée, et font pressentir les Landes. Les Étangs de Lacanau, ces points les plus solitaires et les plus mornes de tout le paysage gascon, baignés par une eau vaseuse et lourde, ne sont pas rendus moins exactement que les environs plus vivants de Royan et du port de Bordeaux.

La limpidité de l'atmosphère et l'éclat de la lumière dans l'extrême midi de la France, dans le Var et à Menton, astreignent le peintre à des lignes plus accusées, à un rendu moins flottant que les paysages du Nord. Les études faites sur ces bords de la Méditerranée et dans les vallées qui y débouchent offrent des aspects plus fermes, mais sans perdre la finesse du ton.

Le Port et les Côtes de Saint-Raphaël, où les nuages passent sur le ciel délicieusement azuré comme des lambeaux d'étoffe blanche; la Vallée de Cabroles; Menton avec ses châtaigniers et ses oliviers centenaires; la Pointe de la Mortola, étageant ses roches calcinées au pied des Alpes liguriennes closent, avec deux Vues d'Albano, la série de ces documents rigoureusement pris sur nature, mais dont le rendu varie selon les pays, les saisons, les heures. Le public les qualifiera à son gré de tableaux ou d'études achevées. Tous offrent les mêmes qualités de sentiment et de sincérité. Tous sont faits pour inspirer la même confiance dans l'avenir de M. Lansyer et la même sympathie pour ses efforts.

PH. BURTY.

Mars 1872.

TABLEAUX

ET

ÉTUDES TERMINÉES

ENVIRONS DE PARIS

1. — L'Étang de Vallière; parc de Mortefontaine
(Oise).

> Larg., 1ᵐ.; haut., 0ᵐ,67 c.

2. — Bords de l'étang de Vallière; parc de Morte-
fontaine (Oise).

> L., 0ᵐ,81 c.; h., 0ᵐ,54 c.

3. — Printemps. Vallée de Cernay-la-Ville (Seine-
et-Oise).

> L., 0ᵐ,81 c.; h., 0ᵐ,54 c.

4. — Le Château de Pierrefonds au travers des hêtres;
lisière de la forêt de Compiègne (Oise).

> L., 0ᵐ,27 c.; h., 0ᵐ,41 c.

5. — Une Prairie au printemps. Vallée de Chevreuse (Seine-et-Oise).

L., 0^m,41 c.; h., 0^m,30 c.

6. — Châtaigniers au printemps, près du village de Senlisse (Seine-et-Oise).

L., 0^m,56 c.; h., 0^m,36 c.

7. — Un Moulin au printemps. Vallée de Cernay-la-Ville (Seine-et-Oise.).

L., 0^m,46 c.; h., 0^m,33 c.

8. — Forêt de Compiègne, en avril (Oise).

L., 0^m,25 c.; h., 0^m,33 c.

9. — Poiriers en fleurs à Cernay-la-Ville (Seine-et-Oise).

L., 0^m,48 c.; h., 0^m,33 c.

10. — La Maison du garde, à Cernay-la-Ville; matinée de printemps (Seine-et-Oise).

L., 0^m,46 c.; h., 0^m,33 c.

11. — Un Ruisseau, en avril, dans la forêt de Compiègne (Oise).

L., 0^m,27 c.; h., 0^m,38 c.

12. — Lisière de la forêt de Compiègne, en avril (Oise).

L., 0^m,30 c.; h., 0^m,41 c.

13. — Un Verger au printemps; environs de Chevreuse (Seine-et-Oise).

L., 0^m,41 c.; h., 0^m,33 c.

BRETAGNE

14. — Marée montante ; environs de Douarnenez (Finistère).

L., 0^m,73 c.; h., 0^m,50 c.

15. — Dunes de Saint-Briac; environs de Saint-Malo (Ille-et-Vilaine).

L., 0^m,81 c.; h., 0^m,54 c.

16. — Falaises de Saint-Briac (Ille-et-Vilaine).

L., 0^m,65 c.; h., 0^m,39 c.

17. — Le Bain des dames, à Douarnenez (Finistère).

L., 0^m,65 c.; h., 0^m,44 c.

18. — Côte de Saint-Briac (Ille-et-Vilaine).

L., 0^m,73 c.; h., 0^m,45 c.

19. — Marais de Machecoul (Loire-Inférieure).

L., 0^m,46 c.; h., 0^m,33 c.

20. — Une Gelée blanche au Faouët (Morbihan).

L., 0^m,49 c.; h., 0^m,33 c.

21. — Marine. Côte de Douarnenez (Finistère).

L., 0^m,41 c.; h., 0^m,30 c.

22. — La plage du Ris à marée basse, près Douarnenez (Finistère).

L., 0^m,65 c.; h., 0^m,44 c.

23. — Le Grand Port, à Douarnenez (Finistère).

L., 0^m,59 c.; h., 0^m,39 c.

24. — Entrée du port de Douarnenez (Finistère).

L., 0^m,38 c.; h., 0^m,27 c.

25. — Matinée de novembre au Faouët (Morbihan).

L., 0^m,38 c.; h., 0^m,28 c.

26. — Côte de Douarnenez (Finistère).

L., 0^m,41 c.; h., 0^m,30 c.

27. — Une Prairie à Pouldahut (Finistère).

L., 0^m,39 c.; h., 0^m,24 c.

28. — Marée basse à la Chapelle en Saint-Briac (Ille-
et-Vilaine).

L., 0^m,39 c.; h., 0^m,24 c.

29. — La Rivière de Morlaix (Finistère).

L., 0^m,41 c.; h., 0^m,30 c.

30. — Marine à Tréboul (Finistère).

L., 0^m,39 c.; h., 0^m,24 c.

31. — Environs de Tréboul (Finistère).

L., 0^m,41 c.; h., 0^m,27 c.

32. — Mer montante à Saint-Briac (Ille-et-Vilaine).

L., 0^m,41 c.; h., 0^m,27 c.

33. — La Passe de l'île Tristan, à Tréboul (Finistère).

L., 0^m,41 c.; h., 0^m,27 c.

34. — Falaises à Saint-Briac (Ille-et-Vilaine).

L., 0^m,46 c.; h., 0^m,33 c.

35. — Chaumières en automne, dans la vallée de Sainte-Barbe, au Faouët (Morbihan).

L., 0^m,41 c.; h., 0^m,30 c.

36. — Le Bain du roi Grallon, à Douarnenez (Finistère).

L., 0^m,38 c.; h., 0^m,27 c.

37. — Bateaux à marée basse, à Port-Ru (Finistère).

L., 0^m,41 c.; h., 0^m,27 c.

38. — Marée basse à la Chapelle en Saint-Briac (Ille-et-Vilaine).

L., 0^m,46 c.; h., 0^m,33 c.

ENVIRONS DE BORDEAUX

39. — Étang de Lacanau (Gironde).

L., 0^m,41 c.; h., 0^m,27 c.

40. — Côte de Royan (Charente-Inférieure).

L., 0^m,65 c.; h., 0^m,39 c.

41. — Entrée du bourg de Lacanau (Gironde).

L., 0^m,41 c. ; h., 0,^{m}27 c.

42. — Rochers de Saint-Georges, près Royan (Charente-Inférieure).

L.., 0^m,46 c. ; h., 0^m,33 c.

43. — Entrée du port de Bordeaux (Gironde).

L., 0^m,35 c. ; h., 0^m,25 c.

44. — Marée basse à Saint-Georges, près Royan (Charente-Inférieure).

L., 0^{m}46 c. ; h., 0^m,33 c.

MIDI DE LA FRANCE

45. — Vallée de Cabroles, à Menton (Alpes maritimes).

L., 0^m,81 c. ; h., 0^m,54 c.

46. — La Pointe de la Mortola, frontière d'Italie, à Menton (Alpes maritimes).

L., 0^m,81 c. ; h., 0^m,54 c.

47. — Bords du Boerrigo, à Menton (Alpes maritimes).

L., 0^m,65 c.; h., 0^m,44 c.

48. — Châtaigniers en fleurs, à Menton (Alpes maritimes).

L., 0^m,48 c.; h., 0^m,33 c.

49. — Menton à travers les oliviers de Garavan
(Alpes maritimes).

L., 0^m,46 c.; h., 0^m,33 c.

50. — Oliviers à Menton (Alpes maritimes).

L., 0^m,41 c.; h., 0^m,30 c.

51. — Port de Saint-Raphaël (Var).

L., 0^m,41 c.; h., 0^m,28 c.

52. — Côte de Saint-Raphaël (Var).

L., 0^m,41 c.; h., 0^m,27 c.

53. — Environs de Saint-Raphaël (Var).

L., 0^m,40 c.; h., 0^m,25 c.

ITALIE

54. — Environs d'Albano. Emplacement de l'ancienne via Appia.

L., 0^m,59 c.; h., 0^m,39 c

55. — Chênes verts dominant le lac d'Albano, près de Castel-Gandolfo.

L., 0^m,41 c.; h., 0^m,27 c.

PARIS. — J. CLAYE, IMPRIMEUR, 7, RUE SAINT-BENOIT. — [681]